AF314294

SCULPTURES

ET

CHATEAU DE MONTAL

CHEF-D'OEUVRE D'ARCHITECTURE

DE LA RENAISSANCE FRANÇAISE

SCULPTURES

DU CHATEAU DE MONTAL

CHEF-D'ŒUVRE D'ARCHITECTURE

DE LA RENAISSANCE FRANÇAISE

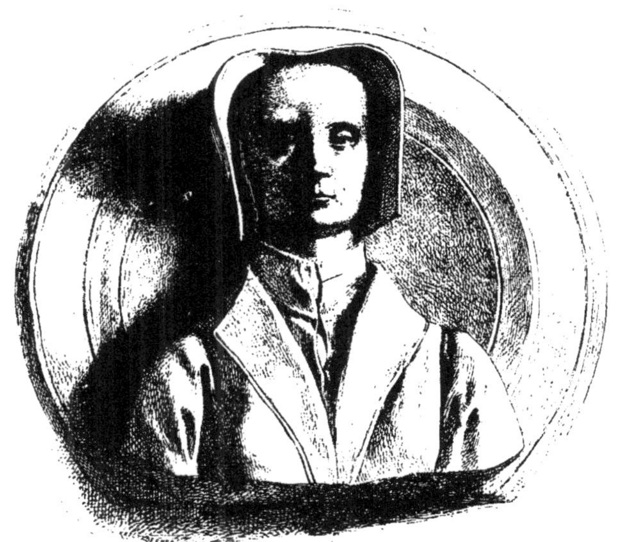

DAME IEHANNE DE BALSAC, DAME DE MONTAL
Fit bâti. le château de Montal.
1484 — 1534
Dessin de Ch. Kreutzberger.

CATALOGUE

SCULPTURES

DU CHATEAU DE MONTAL

(HAUT-QUERCY)

CHEF-D'ŒUVRE D'ARCHITECTURE

DE LA RENAISSANCE FRANÇAISE

1484-1534

DONT LA VENTE AURA LIEU

BOULEVARD DE CLICHY N° 75,

Le Samedi 30 Avril 1881

A DEUX HEURES ET DEMIE

COMMISSAIRE-PRISEUR		EXPERT
M° CHARLES PILLET		M. CHARLES MANNHEIM
10, rue Grange-Batelière.		7, rue Saint-Georges.

Chez lesquels se trouve le présent Catalogue.

EXPOSITIONS

PARTICULIÈRE	PUBLIQUE
Les Mercredi 27 et Jeudi 28 Avril 1881	*Le Vendredi 29 Avril 1881*

De une heure à six heures du soir.

CONDITIONS DE LA VENTE

Elle sera faite au comptant.

Les adjudicataires payeront *cinq pour cent* en sus des enchères.

L'exposition mettant le public à même de se rendre compte de l'état des objets, il ne sera admis aucune réclamation une fois l'adjudication prononcée.

Paris. — Typ. Pillet et Dumoulin, 5, rue des Grands-Augustins.

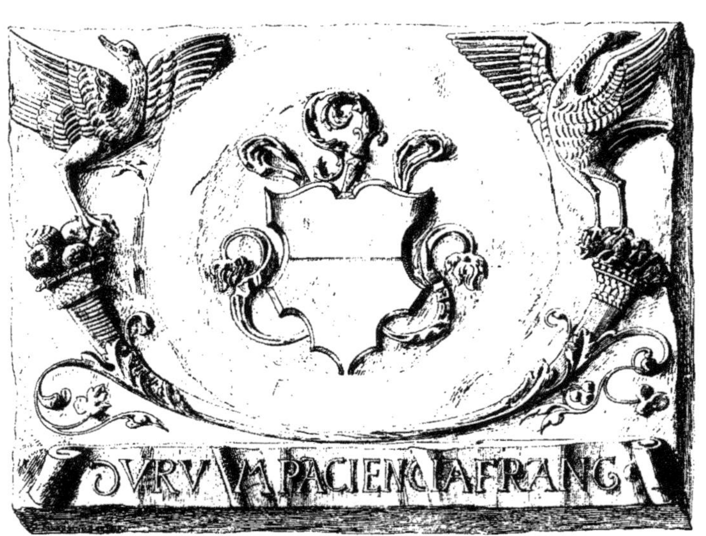

Frise provenant de la cour intérieure du château de Montal.
Dessin de Ch. Kreutzberger.
Les gravures qui ornent ce catalogue sont tirées du journal *L'Art*.

Le 30 avril 1881, les sculptures du château de
Montal, chef-d'œuvre d'architecture de la Renaissance
française, seront mises en vente au n° 75 du boulevard
de Clichy, où elles sont exposées depuis trois mois.

Ce joyau, sculpté avec la grâce anacréontique d'une époque de lyrisme, qui sut si voluptueusement marier le rhythme antique au génie moderne, est à la fois un épithalame et un « lamento », un dithyrambe érotique et une élégie mélancolique. Il fut commencé en 1484 et continué jusqu'en 1534, c'est-à-dire depuis Louis XI jusqu'à François I', par Jehanne de Balsac d'Entragues, femme d'Almaric de Montal.

Jehanne de Balsac était une émule de Clémence-Isaure et se complaisait dans le culte de l'Art et des Lettres. C'est dans ces nobles occupations qu'elle chercha une consolation à la perte de son mari et de son fils Robert.

Il y a douze ans, j'ai visité et décrit le château de Montal, situé dans le haut Quercy, dans le département du Lot, dans la commune de Saint-Jean-de-Lespinasse, sur un mamelon d'où la vue s'étend sur la riante vallée de la Bâve, sur les collines variées qui la bordent et sur la ville de Saint-Céré.

Le château se compose de deux corps de logis en angle formant les deux côtés d'un parallélogramme projeté, qui n'a pas été complété. Ceci est démontré par une porte placée à chacune des extrémités du rectangle pour donner accès sur une galerie en expectative. Les deux corps de logis regardent : l'un le nord, l'autre le couchant. Une tour avec corniche à corbelets et modillons, coiffée d'une toiture conique, s'élève à chacun des angles, ce qui donne quatre tours.

La façade orientée vers la route est divisée en quatre travées remplies chacune par une croisée et elle forme horizontalement trois étages. Ces croisées à meneaux sont ornées de colonnes d'ordre composite. La plus rapprochée de la tour d'angle est surmontée d'une lucarne avec corniches et fronton. Une tour carrée servant d'escalier est flanquée d'une tourelle à encorbellement d'un joli style. Entre la tour carrée et celle qui termine le bâtiment on voit une série de croisées. Sur l'une d'elles on lit gravés dans la pierre, les mots: « *Plus d'espoir!* » D'après la légende, Rose de Montal se serait précipitée par cette croisée. Tel est, à l'extérieur, l'aspect du château.

Passons à la cour intérieure, véritable écrin qui renfermait les joyaux transportés aujourd'hui au boulevard de Clichy. Les façades de cette cour forment trois étages.

Le rez-de-chaussée se compose de quatre fenêtres, dont deux sont devenues des portes; de deux portes à chaque angle, lesquelles devaient donner sur les galeries qui n'ont pas été construites, et enfin de la grande porte d'angle, qui donne accès dans le château.

Au dessus règne une frise chargée de bas-reliefs où

les artistes ont semé des rinceaux, des arabesques, des coquilles, des croix de Saint-André, des griffons, des sirènes du plus élégant dessin et de la plus habile exécution.

Au premier étage, entre les croisées, on aperçoit enchassés dans d'élégants médaillons, les bustes de sept châtelains et châtelaines de Montal. C'est un motif d'ornementation dont on ne trouve d'autre spécimen qu'au château de Sarcus, dans l'Oise. Ces bustes énergiques et vivants font le plus grand honneur à l'école française.

Les deux façades de la cour se terminaient par une corniche, au-dessus de laquelle, en avant des combles fuyants et ardoisés s'épanouissaient des ouvertures qu'on appela plus tard des mansardes et qui, à Montal, étaient plutôt un motif de décoration que d'utilité. Les mansardes sont surtout un couronnement sur lequel les charmeurs de la Renaissance ont prodigué des trésors d'architecture et de sculpture. On y remarque des motifs bibliques et mythologiques exécutés avec un charmant caprice, une fantaisie infinie, un aimable dédain de la symétrie.

Lorsqu'on pénètre dans l'intérieur du logis, auquel donne accès la porte formant l'angle de la façade de gauche, on se trouve au pied du grand escalier. Cet escalier est inscrit dans un rectangle divisé en deux, dans la partie longitudinale, par un massif de maçonnerie parallèle aux grands côtés du rectangle et s'élevant, comme eux, jusqu'au sommet. A l'extrémité de ce mur, surgit un pilier carré à chapiteaux, qui supporte la retombée des voûtes à nervures et à clefs, formant le plafond des vestibules. A l'extrémité de ce mur, se dresse une vis à moulures prismatiques, autour de laquelle s'enroulent les marches de la partie circulaire de l'escalier. La muraille, au lieu d'être pleine, est divisée en deux par un autre pilier isolé, sur lequel reposent deux arcs surbaissés qui viennent, l'un du premier pilier, l'autre de la vis, de manière à former deux grandes baies à jour, par lesquelles on aperçoit l'étage inférieur. Cette combinaison se répète à tous les étages. Les marches s'accrochent aux murs de côté et à la muraille centrale, pour tourner autour de la vis. Le jour pénètre dans la cage par une croisée à meneaux.

Le plafond de ce splendide escalier est entièrement couvert de sculptures variées et d'une ravissante exécution. Le dessous de chaque marche est un cadre où l'artiste a prodigué des amours, des griffons, des dauphins, des sirènes, des nymphes, des rinceaux, des coquillages, des oiseaux fantastiques et des fleurs idéales.

A la première montée du premier étage, on trouve une adorable crédence ; un peu plus haut, on voit un autre édicule plus important, qui consiste en deux grandes niches terminées en coquille, avec piliers, chapiteaux, entablement et corniche d'une richesse flamboyante.

Au pied de cet escalier sans rival s'ouvre, à droite, une salle voûtée en arc surbaissé avec nervures à moulures. C'est dans cette salle que se trouvait la belle cheminée qu'on admire au boulevard de Clichy et dont je reparlerai. Cette salle est construite dans des conditions d'acoustique telles, que deux personnes, placées aux angles opposés, peuvent s'entendre en parlant à voix basse, sans être ouïes d'aucun point intermédiaire de la diagonale.

Au milieu des riantes et mythologiques broderies écrites sur la pierre de ce château dont les sculptures ont la finesse des ciselures sur métal, se glisse parfois une note plaintive. Les poignants emblèmes de la mort s'enchaînent aux fleurs enchantées des rinceaux et l'ancolie se mêle à la rose.

L'énigmatique devise : « *Plus d'espoir* », maintes fois gravée sur le monument, est-elle commémorative du cri angoissé de Rose de Montal, qui, dans un désespoir d'amour, se serait, dit-on, précipitée d'une des fenêtres du manoir ? est-elle, au contraire l'expression des mélancolies de Jehanne de Balsac, qui, après avoir prématurément perdu son mari et son fils Robert, aurait dit, comme Valentine de Milan : « *Rien ne m'est plus, plus ne m'est rien ?* »

Une chose bien certaine, c'est que Montal fut commencé vers la fin du xv° siècle et terminé au commencement du seizième.

Il y a de par le monde des sectaires obstinés qui ne jurent que par le xvᵉ siècle italien, comme si ce siècle avait été stérile et muet chez nous. Je ne conteste pas le génie des artistes péninsulaires de cette époque effervescente, mais je réserve les droits indéniables des productions architecturales et sculpturales du xvᵉ et du xviᵉ siècle français. Il serait peut-être temps de renoncer à cette fâcheuse manie, qui consiste à dénigrer nos gloires nationales et à sacrifier aux idoles étrangères.

Ce fétichisme est aussi puéril qu'injuste. Les xvᵉ et xviᵉ siècles français n'ont-ils pas produit l'admirable école de Bourgogne, les orfèvreries lapidaires de Michel Colombe à Brou; les merveilles de Rouen, de Bourges, d'Orléans; les châteaux de Gaillon, d'Anet, d'Azay-le-Rideau, d'Ecoville, d'Arnay-le-Duc, de Blois, de Chambord, de Chenonceaux; l'adorable Sainte-Chapelle de Thouars, œuvre d'André Amy; les féeries de l'hôtel d'Assezat à Toulouse, les splendides bois sculptés de Lyon?

Le château de Montal était, avec ceux d'Assier, de La Rochefoucault et de Bournazel, une des perles de l'écrin, à peu près ignoré, de la Renaissance dans le midi de la France, car, il ne faut pas se le dissimuler, il y a eu, au delà de la Loire, une école méridionale d'architectes et de sculpteurs, école à laquelle il n'a manqué que le patronage de la cour de France, pour lui donner la notoriété dont jouissent très-justement les œuvres des artistes qui créèrent Amboise, Blois, Chambord et Chenonceaux.

Les noms de Philandrier, du Toulousain Nicolas Bachelier et de Guillaume Lyssorgues, l'architecte de Bournazel, ont le droit de faire retentir les échos de la renommée à tout aussi juste titre que ceux de Philibert Delorme, de Jean Bullant, de Pierre Lescot, de Jacques d'Angoulème et de Jacques Nepveu, l'architecte longtemps ignoré de Chambord.

Assier est en ruines ; on a tenté des restaurations maladroites à Bournazel, et Montal, négligé par son propriétaire, menaçait de s'effondrer, lorsqu'un amateur l'acheta, dans l'intention de le restaurer et de l'habiter. Le nouveau propriétaire, après mûre délibération, découragé par le chiffre du devis de la restauration projetée, leva le plan de l'édifice, descella soigneusement chaque pierre et apporta le château à Paris, où il se trouve encore, boulevard de Clichy.

Le propriétaire actuel, désireux de conserver, s'il est possible, dans son ensemble, ce précieux monument, et, embarrassé de satisfaire aux demandes de vente en détail qui lui sont adressées, va charger le marteau du commissaire-priseur de résoudre ces difficultés.

LE BLANC DU VERNET.

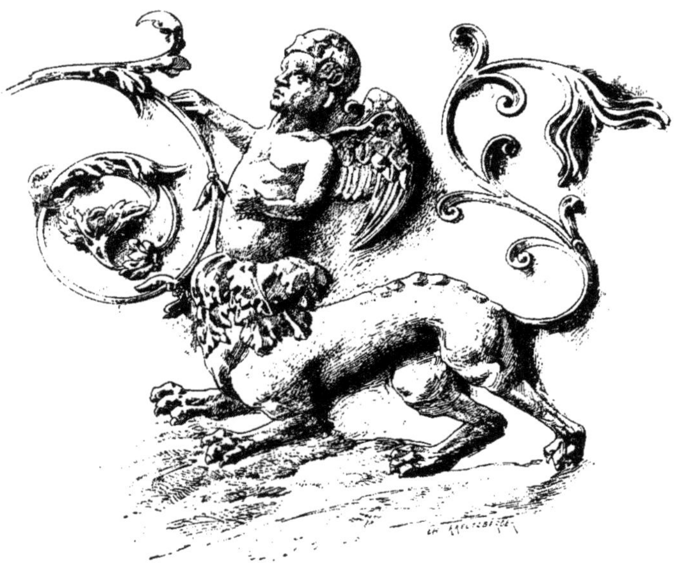

Détail de la frise de la cour intérieure du château.
Dessin de Ch. Kreutzberger.

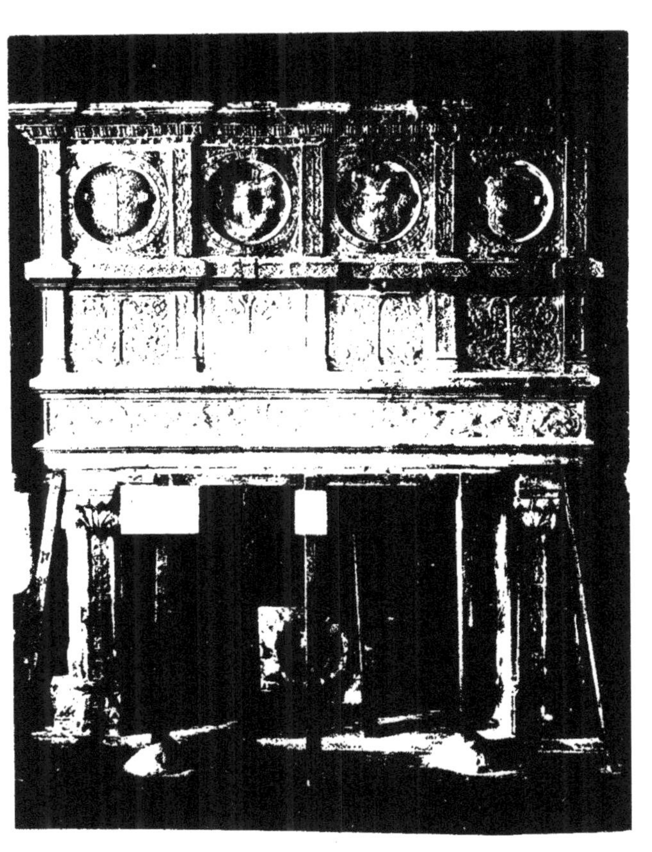

DÉSIGNATION

I — LA CHEMINÉE

DE LA SALLE DES GARDES

Le manteau de cette cheminée éblouissante se compose de huit caissons. Les quatre caissons supérieurs, séparés par des pilastres élégants, portent les écussons mutilés de Jehanne de Balsac, de son fils Robert, de sa fille Nine et de messire Robert de Balsac, qui était probablement le père de Jehanne. Les quatre caissons inférieurs sont ornés de feuillages, de rinceaux et de grotesques d'une finesse adorable.

La corniche est historiée de grecques, de coquilles et de croix de Saint-André, avec une grâce incomparable.

Les initiales de Jehanne et de Robert se marient à la base de la hotte à des griffons perdus dans les lianes assouplies par la verve de l'artiste inspiré.

Les montants sont décorés, avec un goût impeccable, d'ornements délicats et de chapiteaux surprenants de vigueur, de grâce et de variété.

Les coquilles héraldiques des Montal et les croix de Saint-André des Balsac concourent à l'ornementation spirituelle et exquise de cette cheminée hors de pair.

M. Lisch, inspecteur général des monuments historiques, dont le témoignage est si justement autorisé, suppose, d'une manière assez plausible, que cette cheminée pourrait bien être aussi du Tourangeau André Amy ou Lamy, le « tailleur de pierre » qui sculpta le porche de Thouars, tombeau de l'illustre maison de La Trémoïlle [1].

Haut., 4 m.; larg., 3 m. 80 cent.

2 - II — LA FRISE

La frise a trente-deux mètres de développement et se déroulait sur place en dix compartiments dans l'ordre suivant :

2 — Le PREMIER MOTIF représente deux sirènes au milieu des rinceaux, dont le style rappelle l'ornementation des faïences d'Oiron.

3 — Le POINT CENTRAL du second motif est un écusson mutilé flanqué des initiales de Jehanne, cantonnées de quatre croix de Saint-André. A chaque extrémité un motif de décoration avec des personnages dont le bas du corps se termine en feuillages.

4 — Le TROISIÈME est un écu sur le champ duquel on aperçoit les vestiges de trois coquilles. L'écusson est soutenu par deux éphèbes cantonnés de coquilles de chaque côté, un grand R, initiale de Robert. A gauche, un cavalier élégant, monté sur une espèce de licorne, porte un casque ailé. A droite, des chevaliers,

[1] Voir la *Chronique des Arts* du 22 janvier 1881.

drapés à l'antique, soutiennent un cartouche où sont incrustées les initiales de Jehanne et de Robert, liées par un lac.

5 — Le QUATRIÈME représente encore un écu avec trois coquilles sur le champ. On y remarque un I inscrit dans une couronne, et à droite et à gauche un D quadrangulaire. A chaque extrémité, on voit des enfants et des oiseaux perdus dans des rinceaux.

Ici la frise est interrompue par une admirable porte.

6 — Au delà de cette porte s'épanouit le CINQUIÈME MOTIF de la frise, qui se compose d'un écu profané entouré d'une couronne, soutenu par deux ours issant d'un culot de feuillage. A gauche, on aperçoit deux personnages représentant probablement la Paix et la Guerre, à droite Hercule et Antée. Ce compartiment est admirable.

7 — Le SIXIÈME se compose d'une immense tête humaine d'un grand style, dont la barbe forme un étonnant principe ornemental.

8 — Le SEPTIÈME consiste en un blason chargé de six croix de Saint-André. L'écu est entouré d'une couronne. La décoration est complétée par des rinceaux d'une grande délicatesse.

9 — Le HUITIÈME compartiment renferme un blason dont les émaux ont été effacés. Ce blason, inscrit dans une couronne, est accompagné de rinceaux aussi délicats que les précédents.

10 — Le NEUVIÈME compartiment n'est composé que de rinceaux de feuillages dans lesquels brille, comme une fleur vivante, une tête de petit Amour.

11 — Le dixième et dernier représente un écu dans une couronne, accompagné d'une crosse épiscopale. Deux oiseaux émergent de deux cornes d'abondance. Au-dessous se déroule un phylactère où on lit la légende : (*Durum patientia fran[git]*). A droite, sont deux superbes griffons accroupis et accolés.

Haut. de la frise, 70 cent.

12-18 — LES BUSTES

M. Henry Jouin a interprété les bustes de Montal avec une si éloquente pénétration dans le journal *l'Art*, que le catalographe demande la permission de reproduire ici ses descriptions *in extenso*; ce sera tout bénéfice pour le lecteur.

12 — « Messire Almaric, baron de Montal, a la tête coiffée d'une toque, son regard est légèrement tourné vers la droite; le noble châtelain porte une chemise plissée, dont le col dépasse le pourpoint; un manteau bordé de fourrure couvre les épaules; sur la poitrine tombe un médaillon soutenu par une chaîne délicatement travaillée. Une sérénité pleine de distinction caractérise le personnage.

13 — « Dame Jehanne de Balsac, dame de Montal, veuve d'Almaric, porte une coiffe sans broderies, sans ornement, dont les plis sévères encadrent le visage comme un voile de deuil. Une guimpe d'étoffe commune, qui n'a pas été froncée, couvre la gorge. Le visage, empreint d'une tristesse concentrée, a je ne sais quoi d'austère et de résigné. La baronne de Montal a cinquante ans, mais ses traits réguliers ne sont pas

sans beauté. La châtelaine a-t-elle voulu révéler la date de son deuil par le millésime 1527, gravé sur la pierre près de son buste? Peut-être faut-il voir dans cette inscription un reste de coquetterie de la femme qui, sans nul doute, dut porter des habits moins sévères, un regard plus vif, des lèvres plus souriantes au temps de son éclatante jeunesse ou de sa prospérité?

14 — « MESSIRE ROBERT, baron de Montal, le fils aîné de Jehanne, glorieusement tombé sur les champs de bataille du Milanais, revit dans un buste élégant et suave. Les conseils de la mère ont visiblement guidé l'ébauchoir du sculpteur. C'est un visage voilé de mélancolie que l'artiste a taillé dans la pierre. La plume ne saurait en traduire les nuances. Le jeune héros a senti l'aile de la mort effleurer sa chevelure. La grâce languissante de ses traits nous rappelle le

> Purpureus veluti cum flos successus aratro
> Languescit moriens

du poëte latin. Et quelle richesse dans le costume de Robert! Largement drapé dans son manteau, le baron de Montal est vêtu d'un pourpoint garni de fourrures; le col de la chemise est en fine dentelle; un large feutre en plumes flottantes couvre sa tête, et sous le bord du chapeau est sculpté, dans un médaillon qui a les proportions d'un camée, un petit buste de femme. N'est-ce point l'image de sa mère que porte ainsi, comme un talisman, Robert de Montal?

15. — « MONSIEUR DORDET, baron de Montal vient ensuite. C'est le second fils de Jehanne. A défaut d'autre indice, cette appellation de « Monsieur Dordet » gravée sur la pierre, en opposition avec le titre de « messire » donné à Robert, suffirait à marquer la

distance qui sépare les deux frères. Un fin critique, qui a publié, il y a quelque dix ans, un livre plein de faits sur le Quercy, après avoir décrit le manoir de Castelnau-de-Bretenoux, ajoute : « On voit sur l'autel de la chapelle romane du viii* ou ix*siècle, un grand crucifix byzantin, en bois, d'une naïveté hiératique et primitive ; des fresques très-anciennes, d'un dessin barbare, représentent Jésus-Christ et les douze apôtres, ayant chacun son nom au-dessus de la tête. Saint Pierre est qualifié de « monseigneur » et les autres de « monsieur » [1]. M. Dordet n'a pas la distinction de son frère. Son costume de cour, plus riche qu'élégant, laisse à la physionomie générale un cachet rustique, qui fait de ce buste l'image très personnelle et très-vraie du gentilhomme campagnard. Son feutre, surmonté de plumes, est orné, comme celui de son frère, d'un médaillon : une femme nue, en pied, peut-être une Vénus, est sculptée en relief sur ce bijou.

16. — NINE DE MONTAL est la sœur de Robert et de Dordet. La jeune fille n'a rien sur son vêtement qui rappelle les riches fourrures prodiguées sur le costume de ses frères. Elle a pris sa part du deuil maternel ; elle en porte la livrée. La coiffe tombante, la chemisette sans broderies, le corsage aux parements dégarnis de dentelles, répandent sur l'image de la jeune fille un air de maturité contredit par la finesse d'un visage adolescent. Placée sur l'aile du logis en retour d'équerre avec la façade, Nine de Montal a la tête tournée vers sa droite et son regard alangui se pose sur sa mère.

17 — « A la gauche de Nine de Montal est UN VIEILLARD dont le costume rappelle celui des présidents à mortier. Une toque en

1. *Les Merveilles du grand central*, par Le Blanc du Vernet. Toulouse, 1869, in-12, page 166.

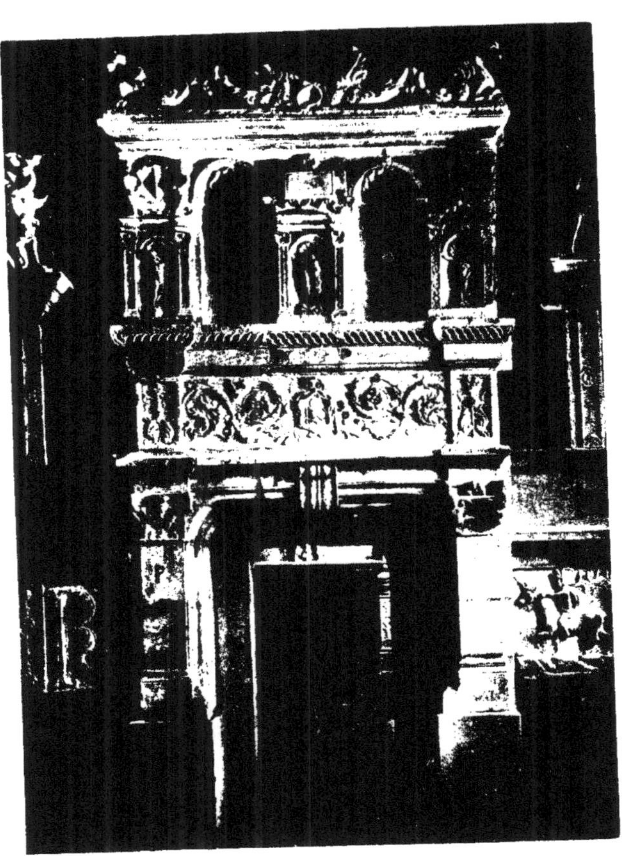

forme de bonnet de docteur couvre les cheveux. La chemise est
nouée sous le menton. Le visage est positif et quelque peu scep-
tique. Le regard est dirigé vers l'épaule gauche. La composition
des traits permet de reconnaître dans ce personnage un membre de
la famille des Montal; toutefois le rude vieillard ne paraît pas
atteint de cette tristesse intérieure qui se reflète avec une si grande
intensité sur les traits de Jehanne et de ses enfants.

18 — « Un dernier portrait complète ce curieux ensemble. Il
représente un HOMME MÛR coiffé d'une toque, vu de face et portant
un vêtement ouvert à parements étroits jeté sur son pourpoint. L'œuvre est éminemment individuelle et le laconisme du
modelé remarquable » [1].

19 — LA STATUE DE LA FORCE

Dans une des niches qui décoraient une des façades de la cour
de Montal on voyait entre les bustes d'Almaric de Montal et de
Jehanne de Balsac, une femme cuirassée et casquée qui représente
la Force brisant des obstacles en étouffant une hydre. Sur la cuirasse
on lit les mots suivants :

JE SUIS FORSE.

20 — LA PORTE DU MANOIR

Le fronton est orné de chimères brisées. Au-dessous, dans des
niches dont le sommet est formé par des coquilles inversées et qui

l'Art du 27 mars et du 5 avril 1881.

sont encadrées par des pilastres élégants on voyait des motifs mythologiques récemment mutilés par une main iconoclaste.

Au-dessus de l'ouverture on aperçoit l'écu des Montal, entouré de rinceaux.

21 — LA PORTE DITE DE FRANÇOIS Ier

Cette porte se trouvait au premier étage. Elle est plus élégante que celle du manoir. Les deux pilastres qui l'encadrent, surmontés de leurs chapiteaux à volutes, sont ornés de lianes et de colonnettes inénarrables. Une tête de profil, un chevalier, coiffé d'un casque et ceint d'une cuirasse, domine cette porte, véritable joyau lapidaire, plein de grâce et de simplicité, bien plus attrayante que la porte des Stanga de Crémone qu'on admire au Louvre.

22 à 25 — LES MANSARDES

Les mansardes décoratives, de 6 m. 50 cent., de haut, ne sont que la lucarne du moyen-âge avec ses contreforts, son gable et ses pinacles, interprétée par les artistes de la Renaissance, qui associèrent des inspirations naturalistes aux doctrines spiritualistes des siècles précédents.

22 — Le bandeau de cette mansarde est orné d'amours entourés d'arabesques. Le médaillon de gauche renferme l'initiale majuscule de Robert et celui de droite un faune ailé, qui excite

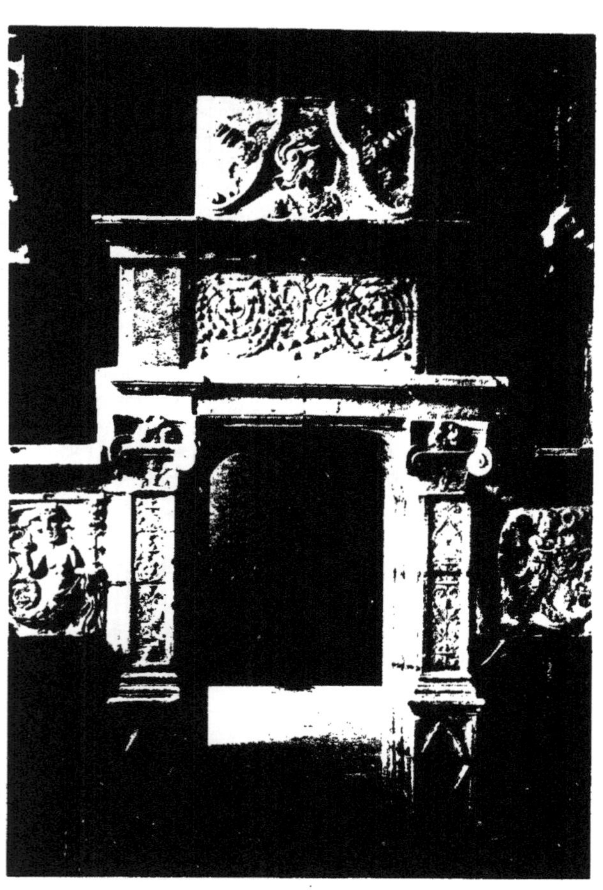

l'admiration des artistes. Un métal ciselé par les Florentins n'a pas plus d'énergie et de finesse que ce spécimen de sculpture.

Le sujet capital de la mansarde consiste en un écu soutenu par deux amours d'une tournure raphaélesque. Dans les chapiteaux des pilastres servant de cadre à ce motif, on distingue deux petites têtes traitées avec la conscience professionnelle qui caractérise les artistes du temps.

Au faite de l'édicule, dans une niche à coquille, la chaste Lucrèce, énergique et résignée, se plonge un poignard dans le cœur.

23 — Des tritons domptés par des amours, entourés de rinceaux, courent dans le bandeau surmonté d'un écu, blasonné des coquilles des Montal et des croix de Saint-André des Balsac. A droite et à gauche de l'écu essorent deux bustes d'un style passionné.

On voit, au-dessus, un chevalier portant sa tête dans la main droite, et ce chef est une tête de mort. Cette composition fait songer aux mélancoliques créations d'Albert Durer.

Dans un élégant cartouche qui termine la partie supérieure couronnée de clochetons, on lit la formule sacramentelle : « Plus d'espoir ».

24 — Deux amours supportent un cartouche dans lequel figurent les deux initiales de Jehanne de Balsac, dame de Montal. Dans le modillon de droite se dresse, nue et farouche, la chevelure violente et convulsée comme des vipères irritées, une Judith fatale, tenant un glaive dans la main gauche, et dans la droite, un témoignage irréfutable de son acharnement contre Holopherne. Ce trophée démontre que la virago n'a pas borné son ressentiment à

lui couper la tête que, par un bizarre caprice de l'artiste, on trouve dans le modillon de gauche.

Ce dramatique épisode, traité avec humour, est surmonté d'un buste de chevalier cuirassé et casqué, qui émerge énergiquement du massif de la mansarde. Les détails du casque et de la cuirasse sont exécutés avec une habileté poussée jusqu'au raffinement.

Au-dessus de ce buste, un bas-relief représente un chevalier renversé tenant une tête de mort et sur une banderole placée à côté de lui, on distingue ces mots : « Mort ge suis y ». Dans la niche située immédiatement au-dessous des clochetons, on aperçoit une figure laurée.

Cette très-remarquable mansarde se termine par des chapiteaux historiés de chimères, de gorgones et de clochetons aériens. Ce dernier ornement est commun aux quatre mansardes.

La partie inférieure est agrémentée de chapiteaux variés. On doit également signaler dans cette partie, un aigle, une salamandre, une tête et un faune ailé.

25 — Le bandeau est chargé de rinceaux, au milieu desquels s'épanouit un oiseau fabuleux à deux têtes. Au-dessus, deux guerriers soutiennent un écusson qu'un mufle de lion ailé semble porter dans sa gueule.

La formule fatidique « Plus d'espoir », reparaît dans un cartouche, et dans la niche qui orne le pinacle se meut une Folie, agitant sa marotte et ses grelots.

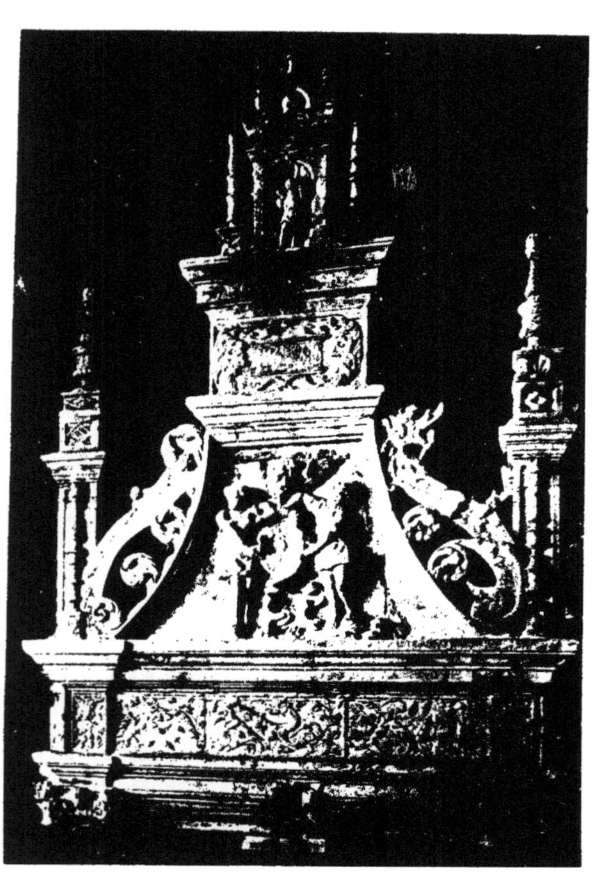

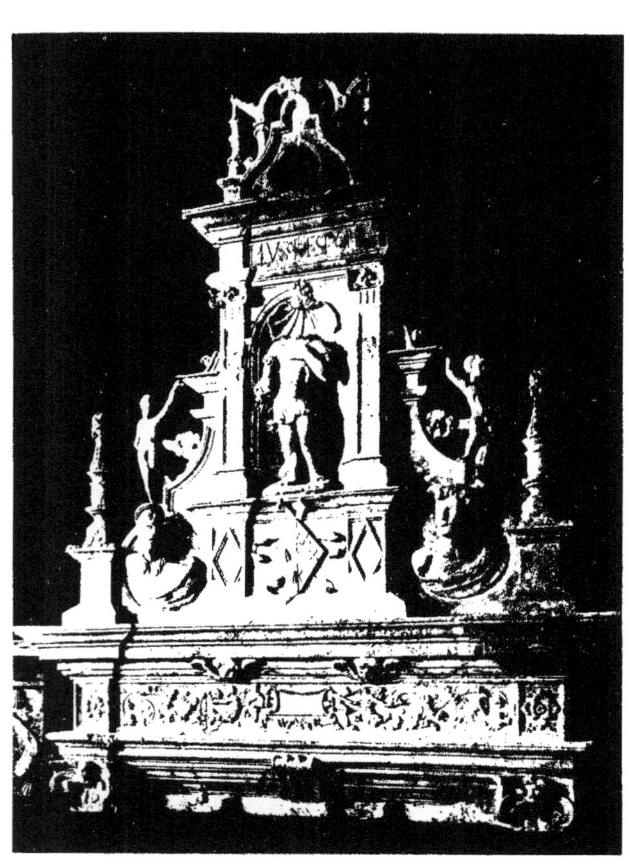

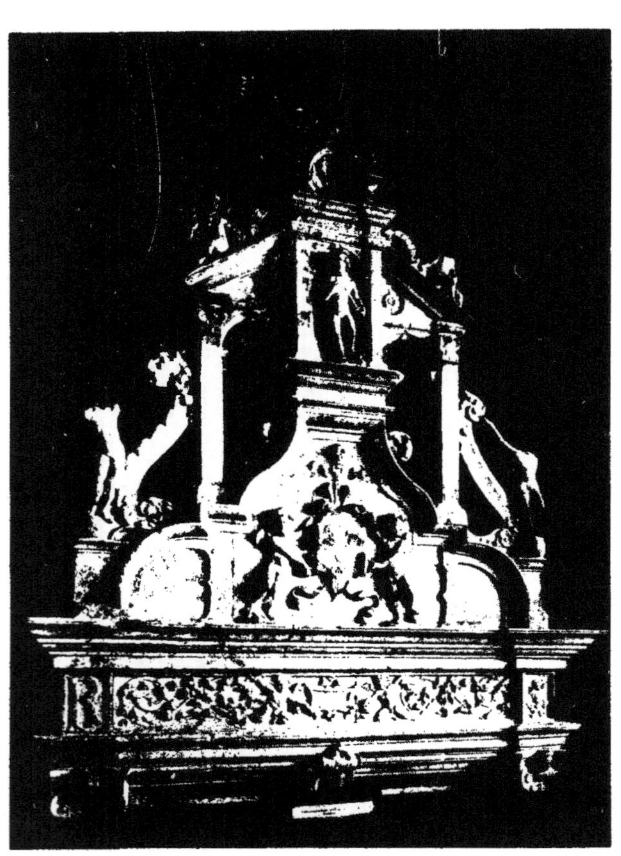

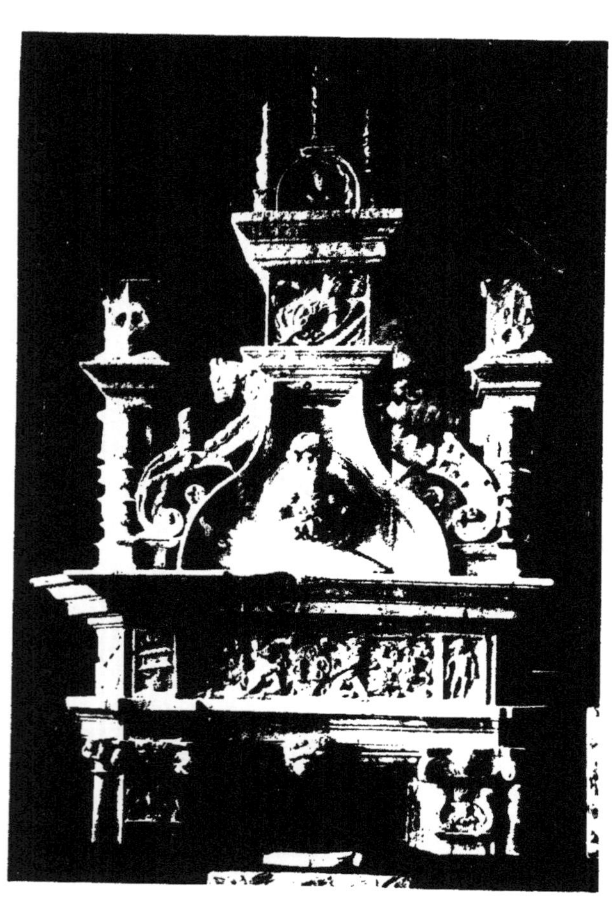

26 — FRAGMENT

DE LA FENÊTRE DE ROSE

Une légende raconte que Rose de Montal aima et fut aimée de Roger de Castelnau, mais que Roger se laissa séduire par les attraits d'une autre châtelaine du voisinage, appelée Éléonore de Lavaur, et qu'il délaissa Rose. Suivant la légende, il paraîtrait que Rose se serait précipitée par la croisée, en s'écriant : « Plus d'espoir ». Ceci est du roman.

On croit au contraire, que Rose aurait épousé, en 1598, François d'Escars, baron de Merville, en Limousin. Cela est de l'histoire.

La décoration de ce fragment de fenêtre consiste en deux pilastres, avec leurs chapiteaux. Deux éphèbes tiennent une couronne, dans le centre de laquelle se trouve inscrit un écu, dont les émaux ont été enlevés. Au sommet de la fenêtre, on lit l'éternelle et mélancolique formule : « Plus d'espoir ».

27 — CHEMINÉE

D'UNE CHAMBRE A COUCHER

Cette cheminée est caractérisée par un écu que soutiennen deux levrettes et quelques rinceaux. Elle est d'une extrême élégance architecturale et plus remarquable par les proportions que par l'ornementation qui est d'une grande sobriété.

28-34 — LES SEPT CROISÉES

Les SEPT ÉLÉGANTES CROISÉES, surmontées d'un tympan orné, sont d'une grâce exquise. L'une est ornée de deux griffons; une autre d'un centaure et d'un griffon; celle-ci de deux griffons, celle-là de deux motifs représentant, suivant toute apparence, l'Amour sacré et l'Amour profane; un cinquième se recommande par une chimère et un page mordu à la langue par un serpent; une sixième est décorée d'un génie ailé armé d'un glaive et d'un centaure; la septième est historiée de deux chimères.

Ces sept croisées, avec une des portes du château et la cheminée de la chambre à coucher, suffiraient à l'édification d'un petit hôtel de la Renaissance, bien supérieur à tout ce qui se construit, à grands frais, autour de nous.

35 — FRAGMENT

Ce FRAGMENT est décoré d'un motif riant : deux sirènes soutiennent des cornes d'abondance, d'où s'échappent des rinceaux en floraison, dont les fleurs animées sont indiquées par de têtes ravissantes et pamées d'une éloquence pénétrante comme des « sélams » persans

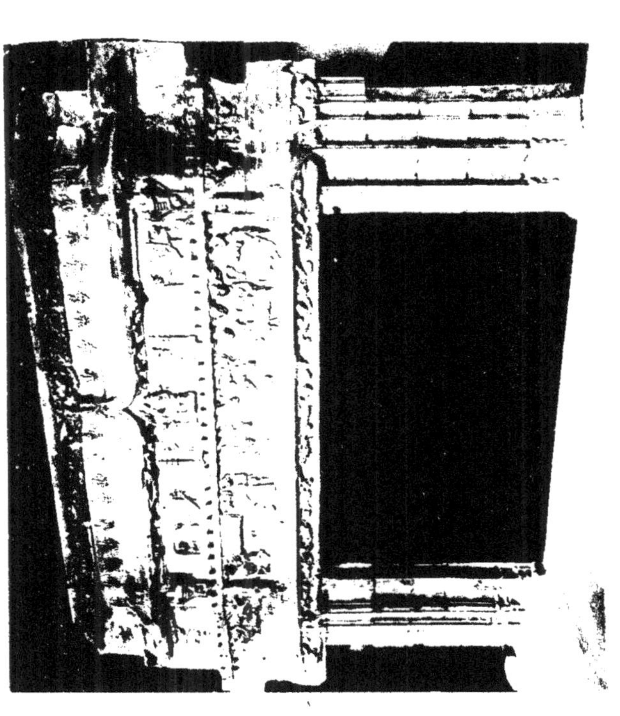

36 — LA CHEMINÉE

DE L'ABBAYE DE CARENNAC

L'abbaye de Carennac, située à peu de distance de Montal, sur les bords de la Dordogne, eut Fénelon pour prieur. Elle est à peu près détruite. Ses débris s'effondrent dans des cloaques de purin. La cheminée languissait dans une chambre parcimonieusement éclairée par une fenêtre de cinquante centimètres d'ouverture, et, au-dessous, grouillaient les gorets d'une porcherie.

Cette cheminée est un poème dantesque, écrit dans la pierre, avec une éloquence passionnée. Ce poème chante la parabole de Lazare et du Mauvais Riche, c'est-à-dire « l'apothéose du faible et la réhabilitation du pauvre ». Cette œuvre lapidaire doit être lue de droite à gauche, comme un manuscrit oriental.

La vigne du Seigneur, avec ses pampres et ses grappes mystiques, déroule ses arabesques dans la partie inférieure du chambranle. La zone immédiatement au-dessus se divise en cinq grands compartiments. Le premier, à droite, représente des scènes indéterminées et un clerc lisant dans une chaire. Dans le second compartiment, Lazare arrive chez le Mauvais Riche. Lazare a, dans la dextre, la cliquette réglementaire que tout lépreux devait agiter pour avertir les passants de son passage, et dans la senestre, le tonnelet contenant l'eau destinée à le désaltérer. Les chiens du logis, plus hospitaliers que le maitre, lèchent les pieds du nouveau venu. Nabal est à table avec sa femme, qui a à sa droite un échanson tenant une aiguière à la main. La femme, hésitante, parait disposée à accueillir favorablement le mendiant, mais Nabal, mal

conseillé par l'esprit du mal qui lui parle à l'oreille, lui refuse les
miettes de sa table. Dans le compartiment suivant, Lazare s'est
endormi dans le Seigneur, et les anges ont assisté à ses derniers
moments. L'un d'eux chausse avec onction des brodequins à ce
« va-nu-pieds »; un autre lui passe des gants et tous se préparent
à emporter son âme dans la gloire céleste. L'âme, sous la forme
d'un « bambino », s'envole aux pieds du Sauveur, qui resplendit
dans la zone supérieure, entre le Donateur et la Donatrice en ado-
ration. La Donatrice porte la couronne royale. Le compartiment
consacré à la mort de Lazare est un chef-d'œuvre de grâce et de
sentiment. La figure du trépassé rayonne d'une sérénité paradi-
siaque, et les anges, aux ailes radieuses et frémissantes, rappellent
les plus mystérieuses inspirations de Fra Beato Angelico de Fie-
sole. Dans le quatrième compartiment, Nabal, rigidement
étendu dans le suaire, est passé de vie à trépas, et sa figure convulsée trahit les affres de la mort. Sa veuve, agenouillée dans une
attitude éplorée, est d'un caractère comparable aux créations de
Donatello et rappelle surtout les statuettes qui décorent les tom-
beaux des ducs de Bourgogne, à Dijon. Les démons, impatients, se
ruent sur leur proie et emportent triomphalement son âme, également personnifiée par un enfant, dans le cinquième compartiment, c'est-à-dire dans la gehenne, où la cohorte de Satan se
réjouit de l'arrivée du réprouvé.

A droite du Donateur et à gauche de la Donatrice, on
remarque deux écussons portant chacun deux lions passants
et léopardés, blason que l'on suppose être anglais, car on sait que
la domination anglaise pesa longtemps et lourdement sur la partie
de la France où se trouve l'abbaye de Carennac.

Au-dessus du Sauveur, dans l'ogive surbaissée qui rappelle

l'arc des Tudors, on voit, à droite et à gauche, des anges embouchant la *Tuba mirum spargens sonum* du *Dies iræ* et au centre des archanges qui déploient le *Liber scriptus in quo totum continetur unde mundus judicetur*. L'un de ces archanges tient, en outre, la couronne des élus dans une de ses mains.

Les deux bandeaux supérieurs sont ornés, le premier, de fleurs de lis et le dernier, de chardons royaux.

L'artiste fervent et consciencieux qui sculpta cette cheminée, ne poussait pas l'habileté professionnelle jusqu'à l'impeccabilité, car son œuvre trahit, en maint endroit, des aveux d'inexpérience, mais cette œuvre, éclairée par les rayons de la foi, et exécutée sous l'empire d'une sensibilité fervente, est cependant une des plus émouvantes pages de l'art gothique à son déclin.

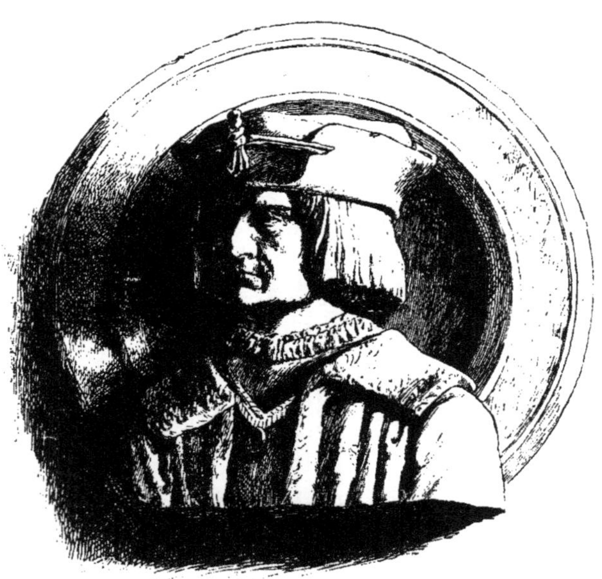

ALMARIC, BARON DE MONTAL

Buste provenant de la cour intérieure du château de Montal.
Dessin de Ch. Kreutzberger.

CHATEAU DE MONTAL (HAUT-QUERCY)

1484 — 1534

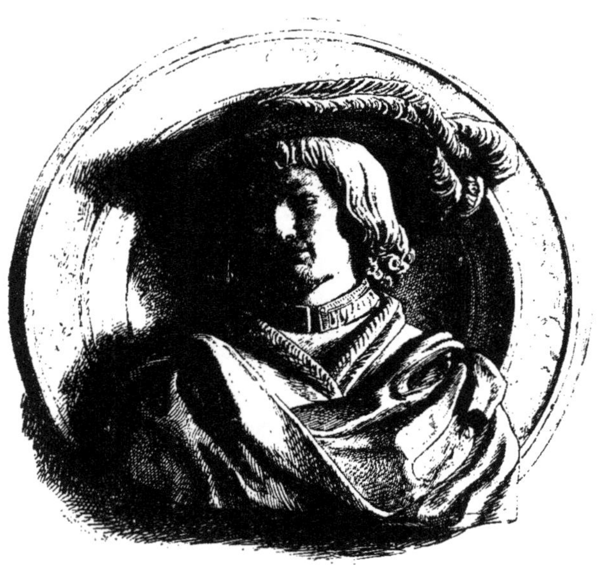

MESSIRE ROBERT, BARON DE MONTAL.
Buste provenant de la cour intérieure du château de Montal.
Dessin de Ch. Kreutzberger.

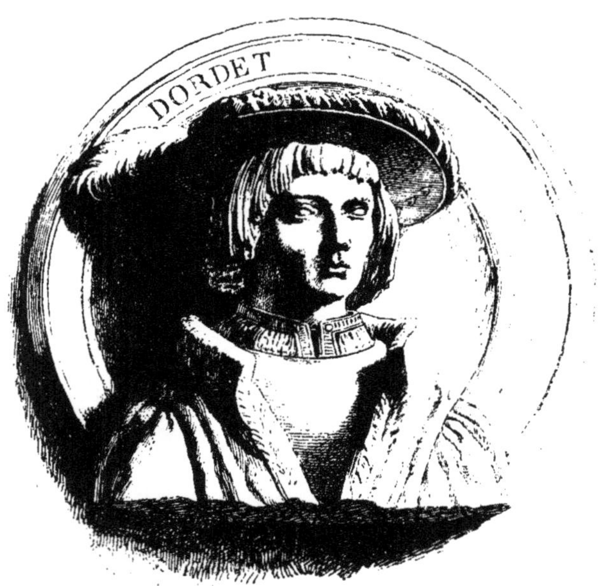

MESSIRE DORDET, BARON DE MONTAL
(1527)
Buste provenant de la cour intérieure du château de Montal.
Dessin de Ch. Kreutzberger.

CHATEAU DE MONTAL (HAUT-QUERCY)

1484 — 1534

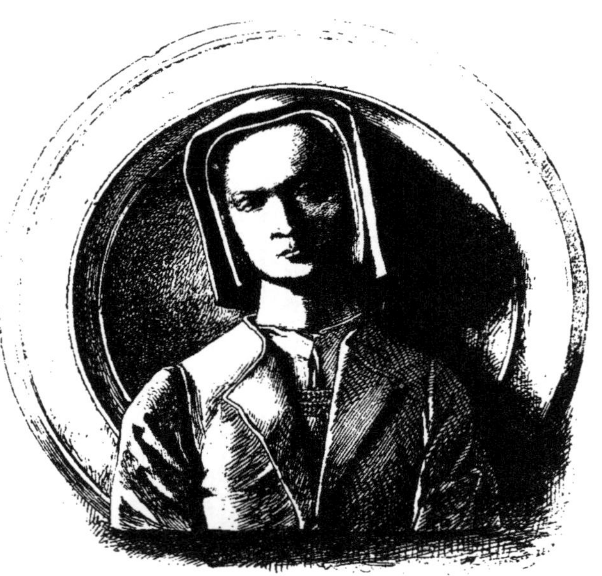

ANNE (NINE) DE MONTAL

Buste provenant de la cour intérieure du château de Montal.

Dessin de Ch. Kreutzberger.

CHATEAU DE MONTAL (HAUT-QUERCY)

1484 — 1534

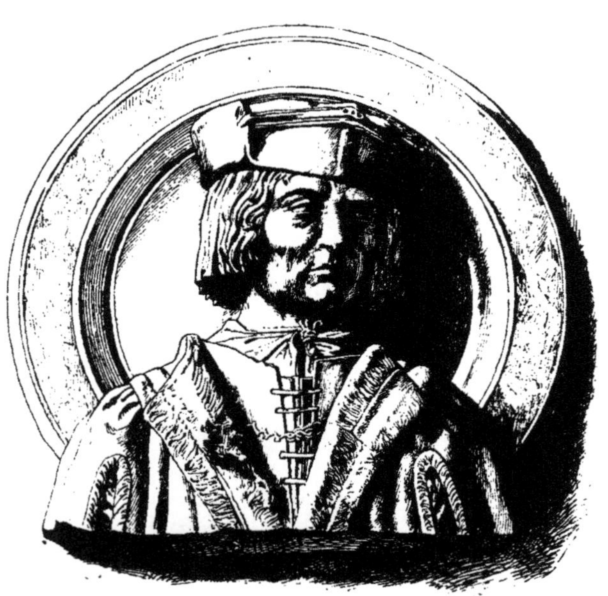

MESSIRE ROBERT DE BALSAC

Buste provenant de la cour intérieure du château de Montal.
Dessin de Ch. Kreutzberger.

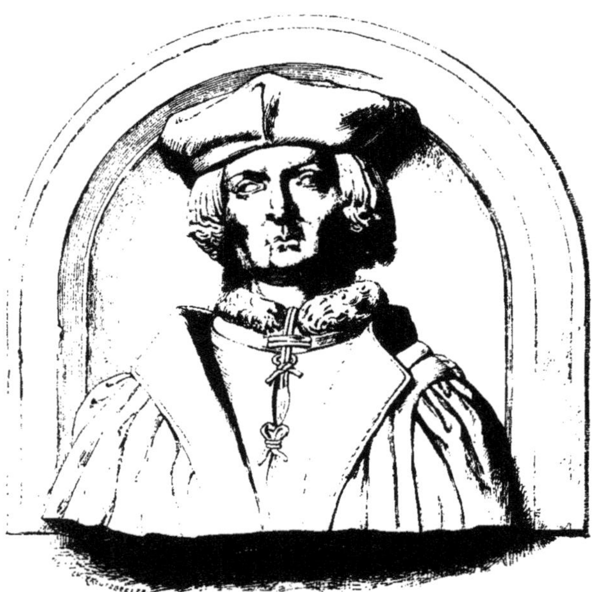

FRANÇOIS DE SCORAILLES

Buste provenant de la cour intérieure du château de Montal.
Dessin de Ch. Kreutzberger.

CHATEAU DE MONTAL (HAUT-QUERCY)

1484 — 1534

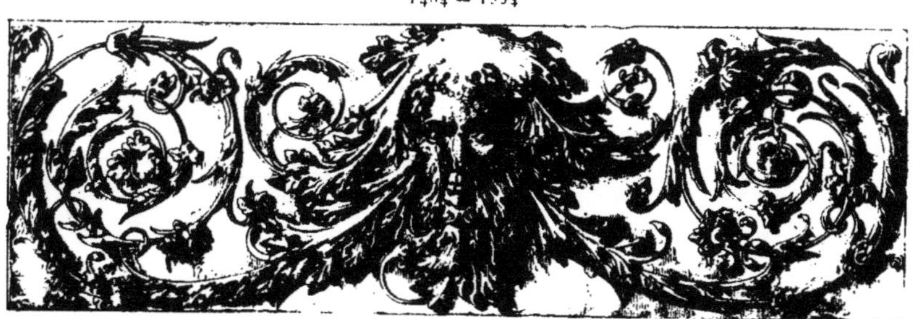

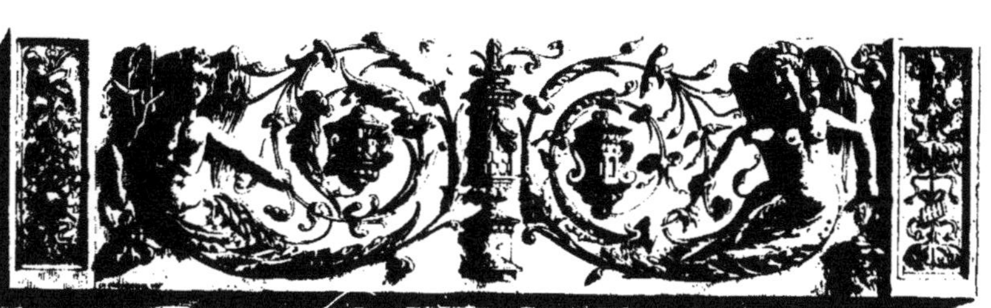

Morceaux de la frise de la cour intérieure du chtâeau.

Dessin de Ch. Kreutzberger.

CHATEAU DE MONTAL (HAUT-QUERCY)

1484 – 1534

Lettre ornée provenant de la cheminée
de la *salle des gardes* du château.

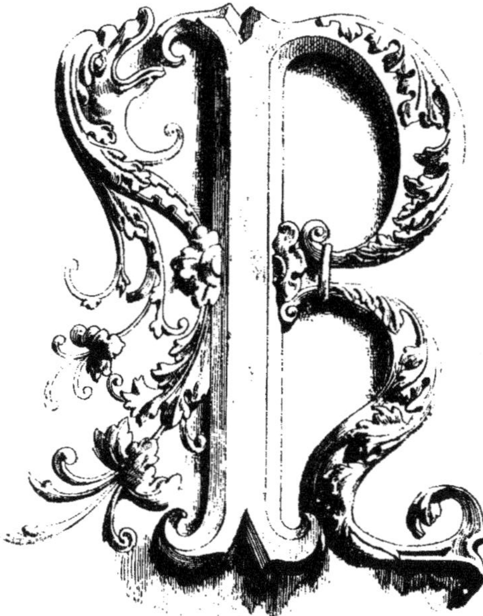

Lettre ornée provenant de la frise de la cour intérieure
du château.

Dessin de Ch. Kreutzberger.